Buchstabenheft 1
Schulausgangsschrift

Erarbeitet von

Miriam Jacobs

Insa Scheller

Caroline Tautz

in Zusammenarbeit mit der
Westermann-Grundschulredaktion

Unter Beratung von

Dominique Bielau

Christiane Kalenbach

Nadine Pistor

Bettina Sievert

Prof. Dr. Anja Wildemann

Illustriert von

Anke am Berg und Antje Hagemann

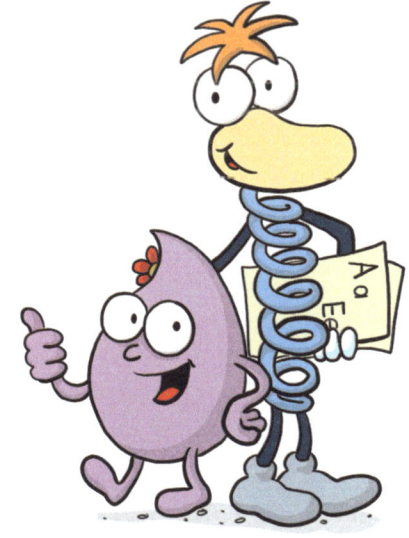

Flex und Flora
Deutsch

1

Inhaltsverzeichnis

B1

Datum: _____

FLORA

Flex
Flex
Flex

Eigenen Namen schreiben; Selbstportrait malen

A a

1

2

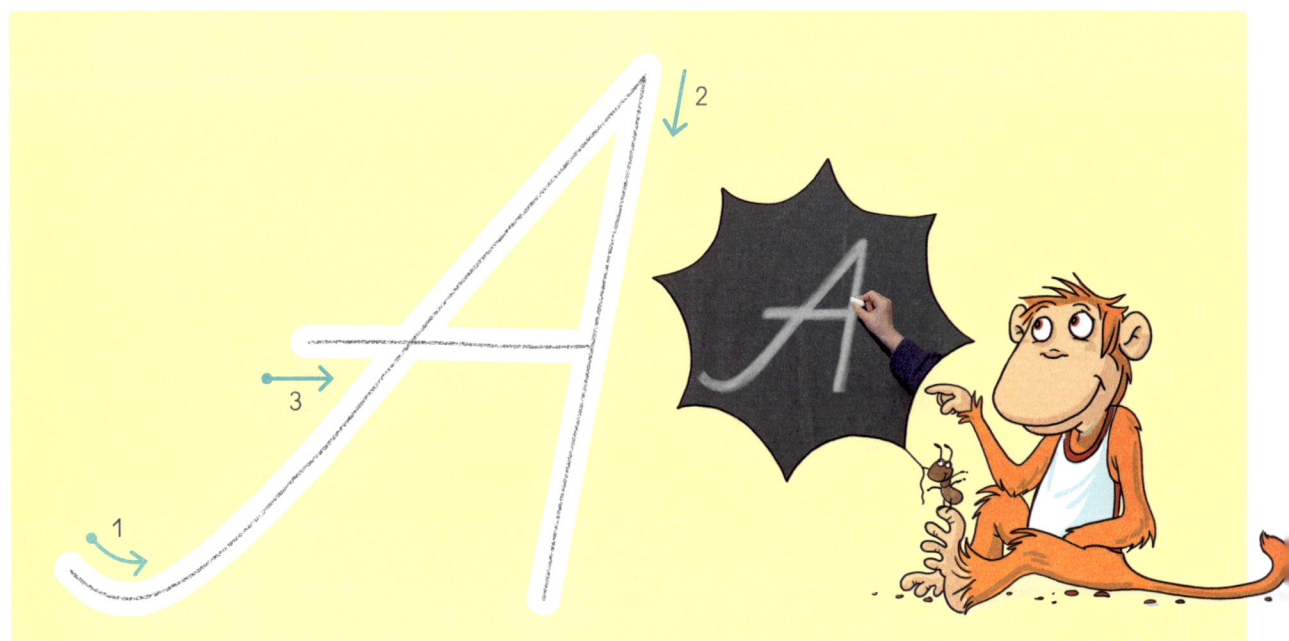

3

A motorisch erfassen

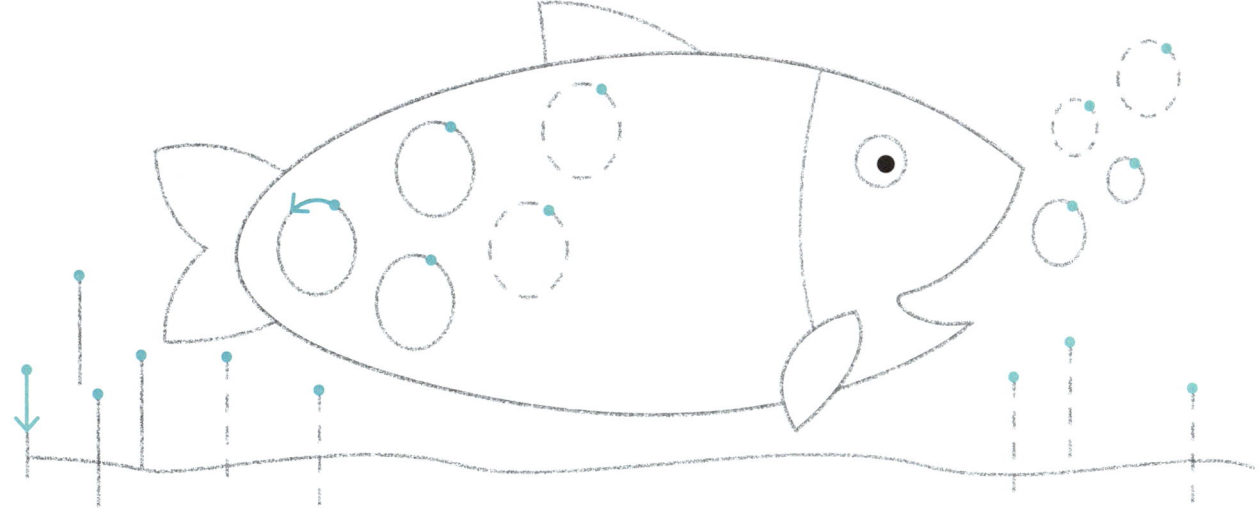

aaaaaa

a motorisch erfassen

1

A A
E
U
A I LA
I A
A O
M

2

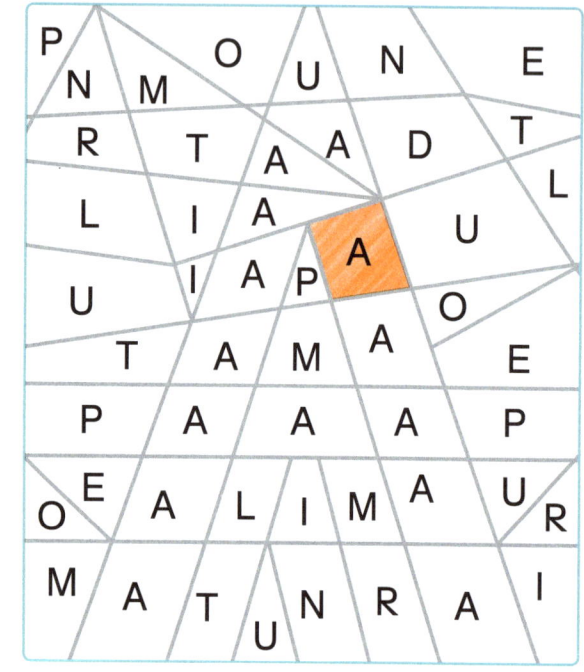

P		O		U		N		E
N	M							
R		T	A	A		D		T
L	I		A					L
		I	A				U	
U			I	A	P	A		O
T		A		M		A		E
P		A		A		A		P
O	E	A	L	I	M	A	U	R
M	A		T	U	N	R	A	I
		U						

3 Ameise   Ufo   Ampel   Ali

Anton   Affe   Amsel

4

A A A A A A A A

A A

A

5

1

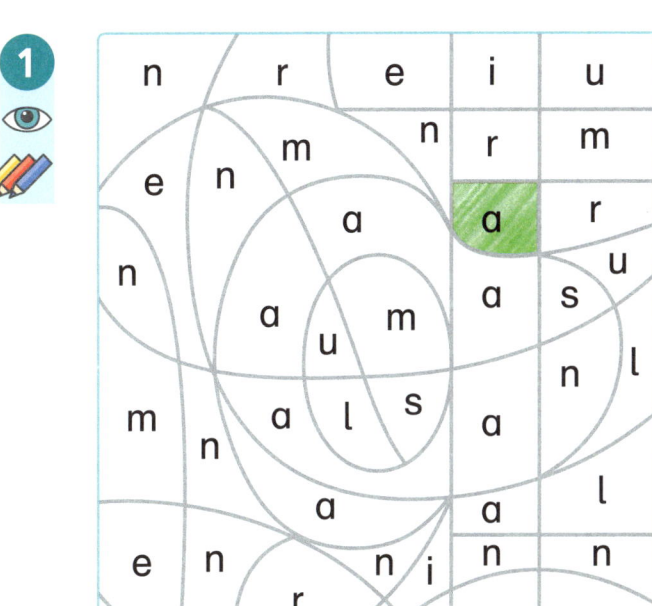

2

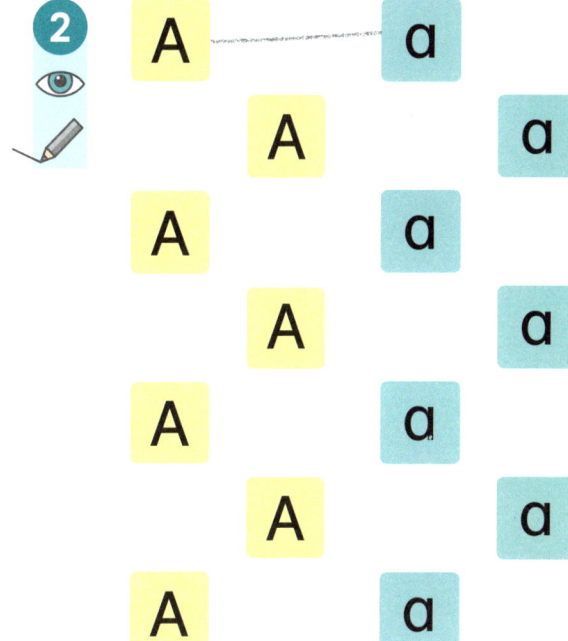

3

Rakete   lila   Salami   am

Lama   also   Hose

4

5

A a

1

2

A

A

A

A

A

A

A im Anlaut auditiv analysieren

1

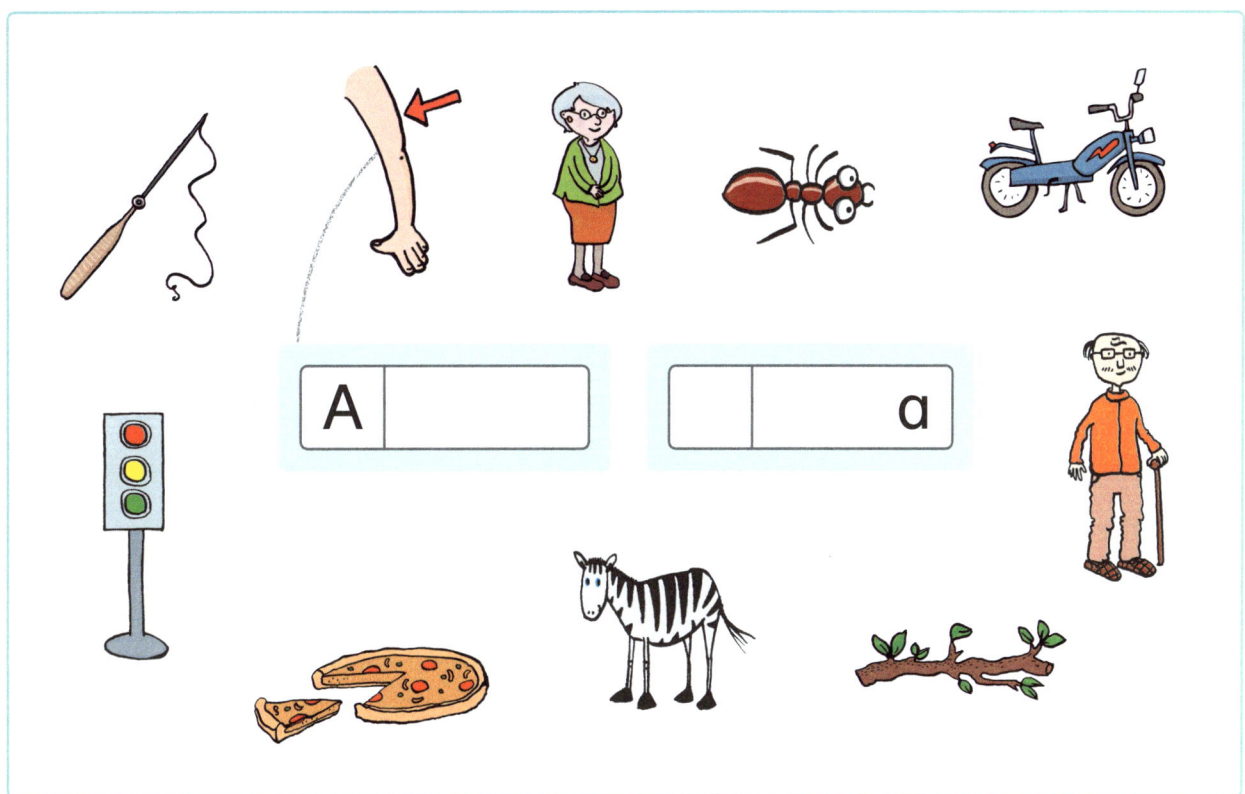

A | _____   _____ | a

2

 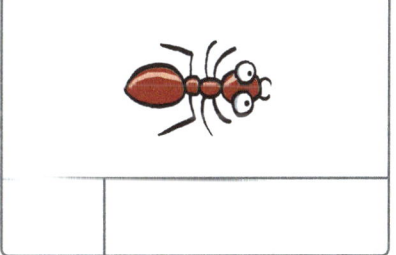 

  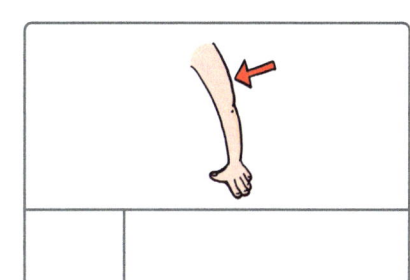

A/a im Anlaut und Auslaut auditiv analysieren

1 A/a   A/a an passender Lautposition eintragen

Datum: _____

1

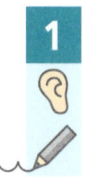

2

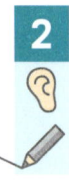

23

Silben auditiv analysieren

Selbstlaute in Silbenbögen schreiben

1

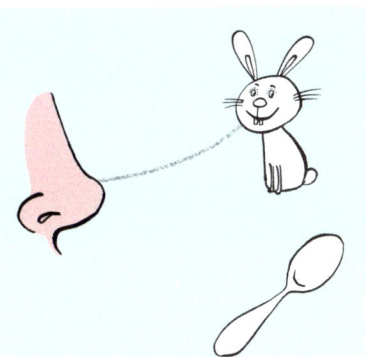

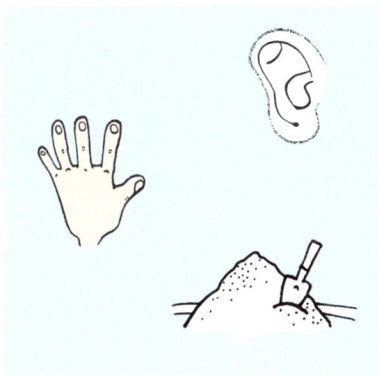

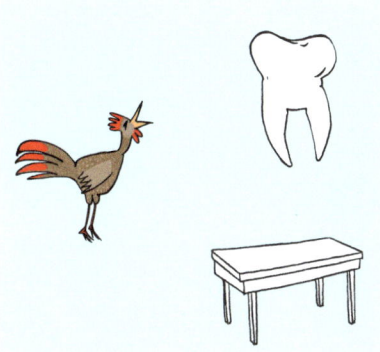

2

1

2

3

M motorisch erfassen

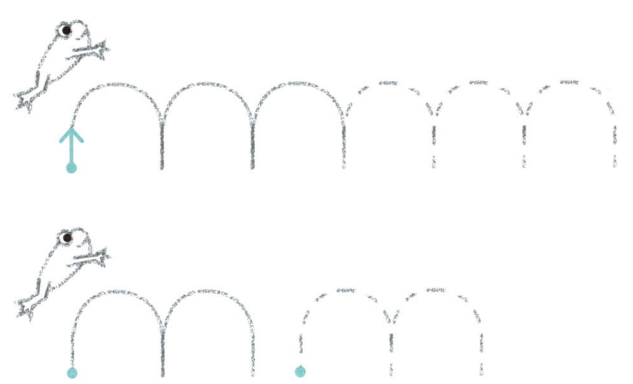

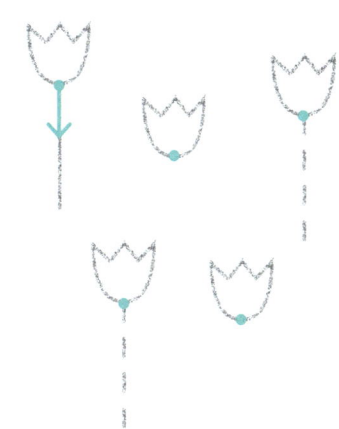

m motorisch erfassen

Datum: _____

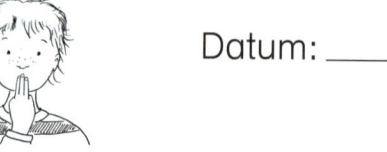

1

2

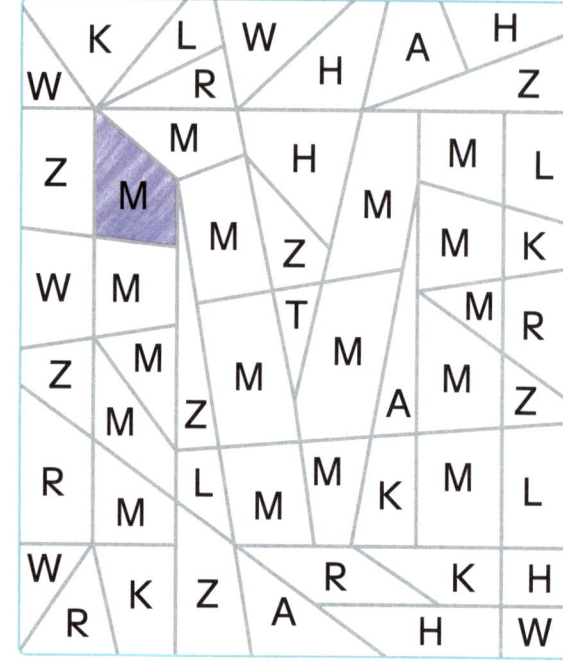

3

Maus   Minute   Mofa   Melone

Mikado   Musik   Nase

4

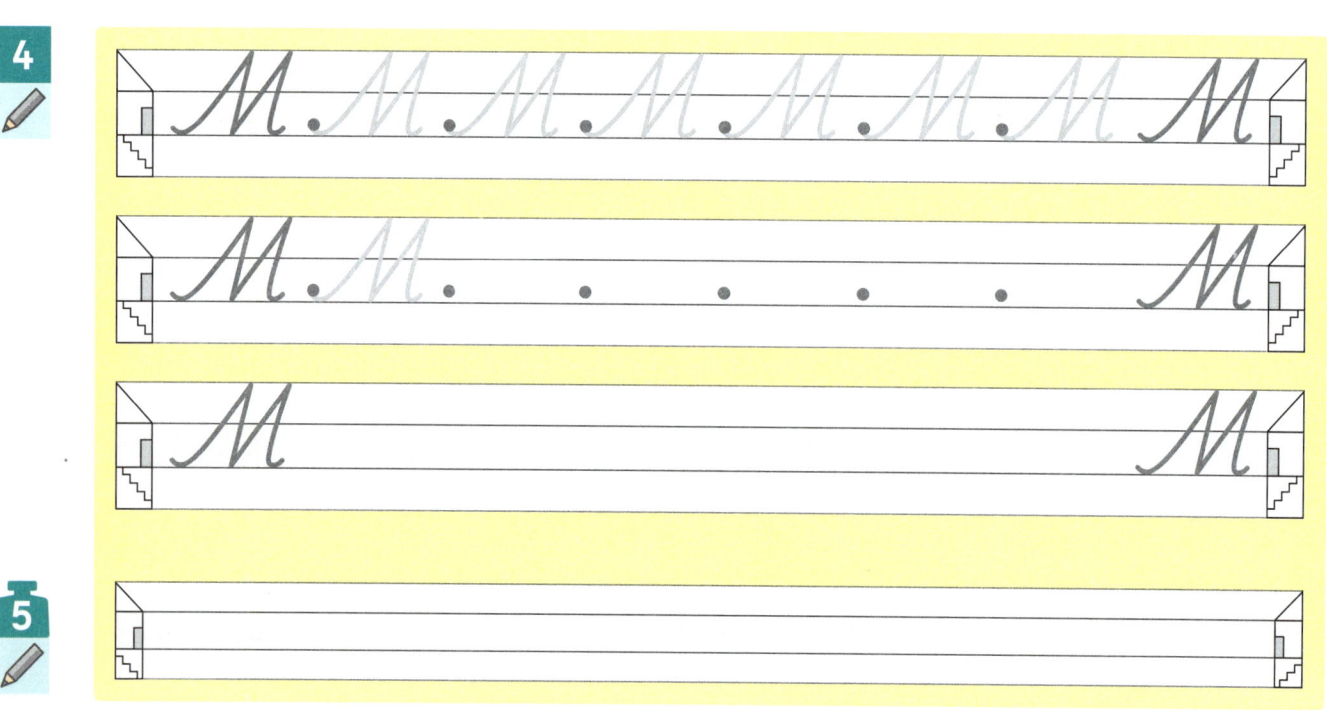

5

M visuell diskriminieren und schreiben

3 ◯◯ Wörter lesen

1

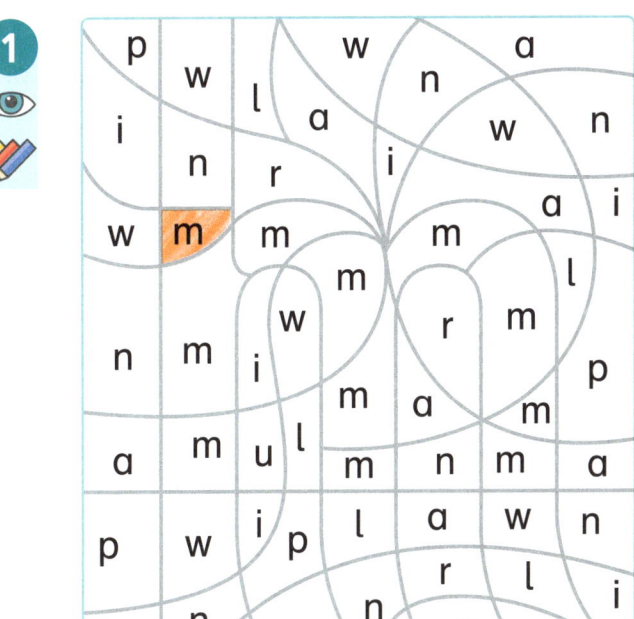

2

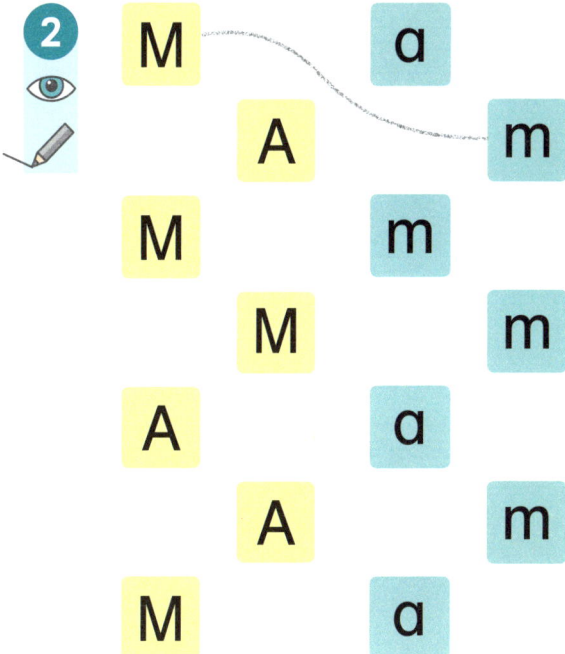

3

Kamel   Name   Opa   malen

Salami   im   Tomate

4

5

Mm

1

2

M	

M im Anlaut auditiv analysieren

1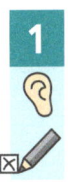

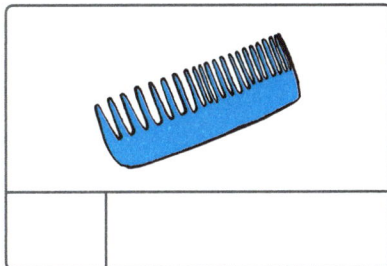

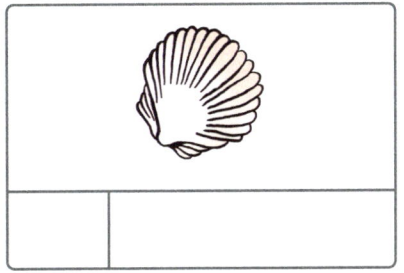

2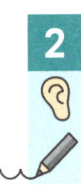

3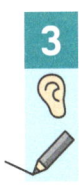

M/m und Silben auditiv analysieren; Reimwörter zuordnen

 Mm M/m an passender Lautposition eintragen

2 ăĕĭ Selbstlaute in Silbenbögen schreiben   KV 17   26-27   **19**

Mm

1

Ma**ma**

A**ma**

2

am

am

3

Mama am

Mama am

Mama am

28

M/m lesen (Wörter)

1

2

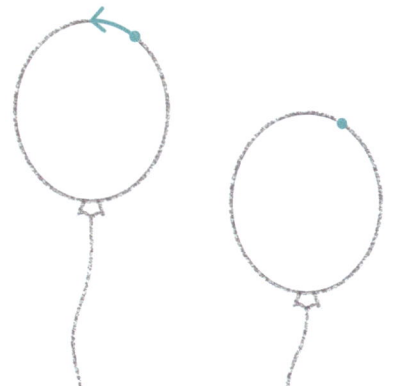 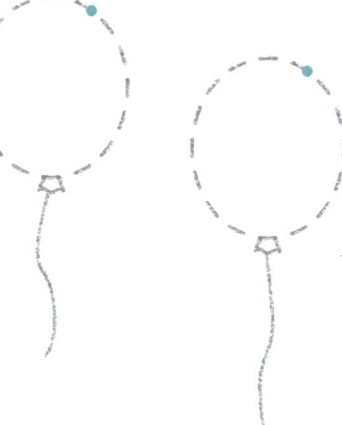 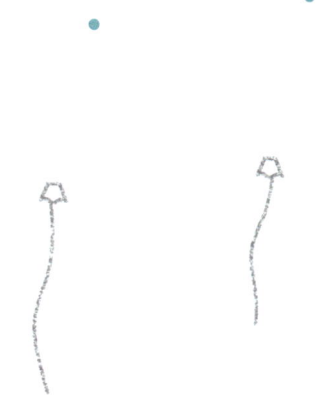

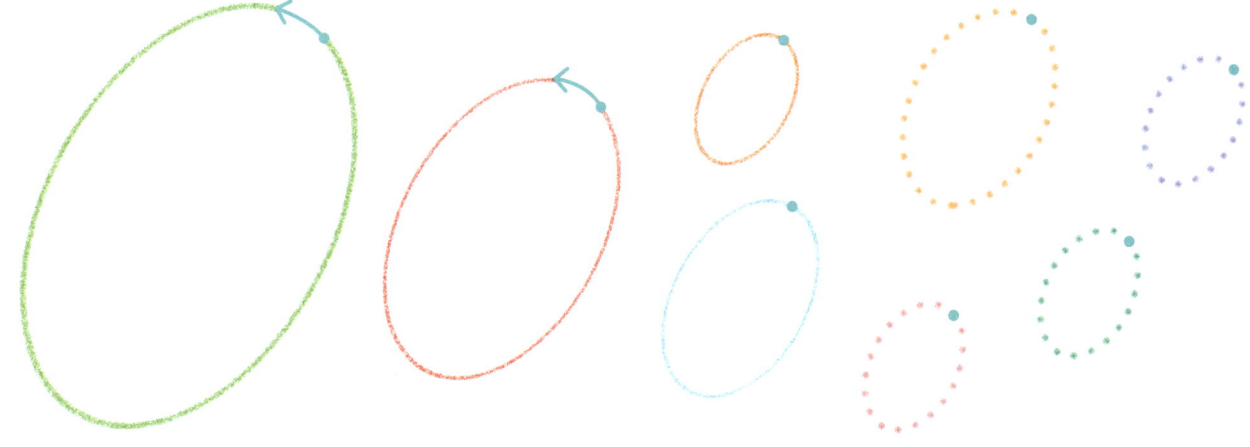

O motorisch erfassen

1

2

OOOOOO

3

O o

1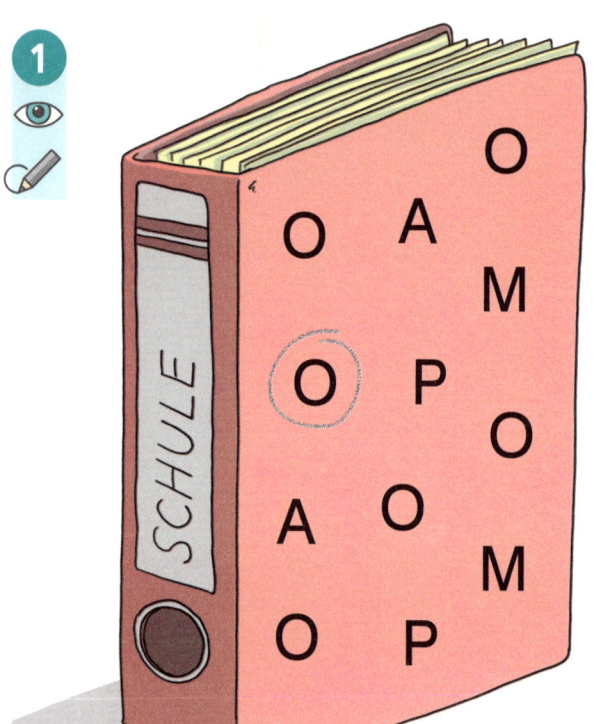

O O O
A
M
O P O
A O M
O P

2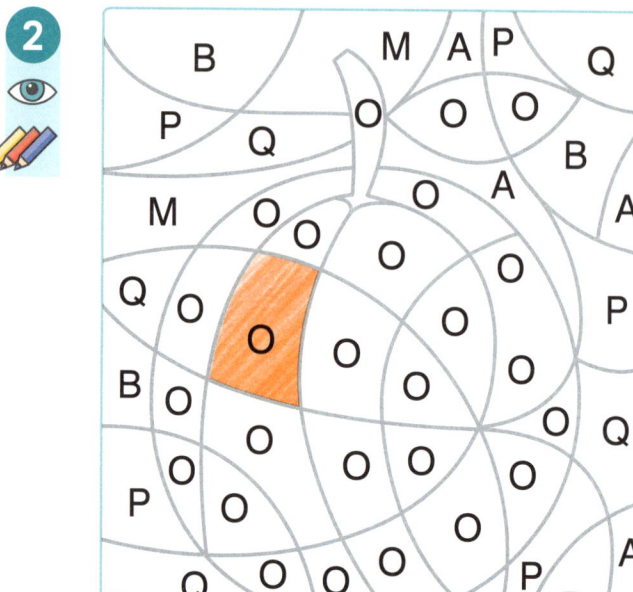

3
Oma   **Orkan**   **Ozean**   **Ole**
Opa   **Ofen**   **Ananas**

4

5

O visuell diskriminieren und schreiben

3 ⌒⌒ Wörter lesen

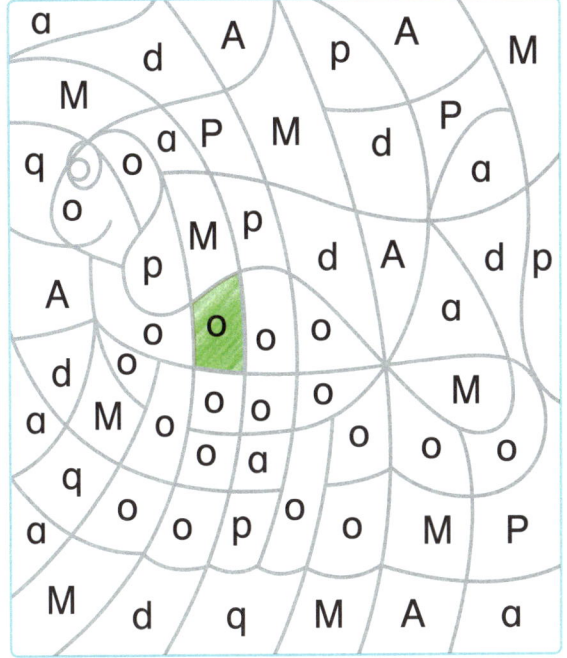

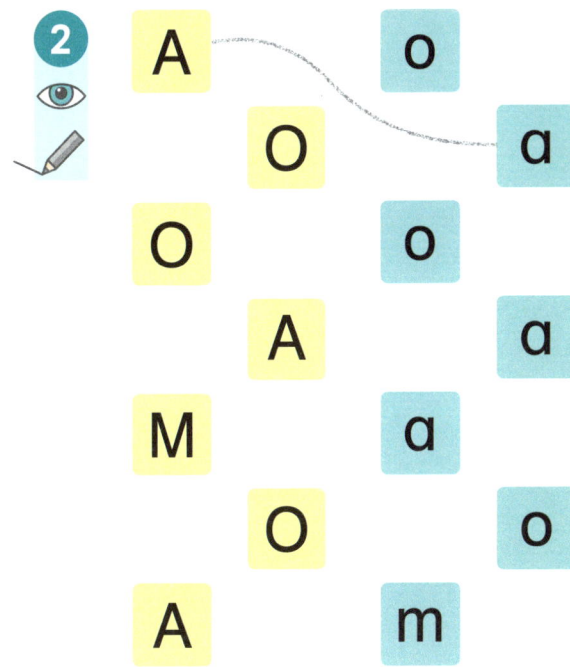

3

Dino   Domino   Telefon   rot

Nadel   Foto   oben

O o

Datum: _____

1

2

O

O

O

O

O

O

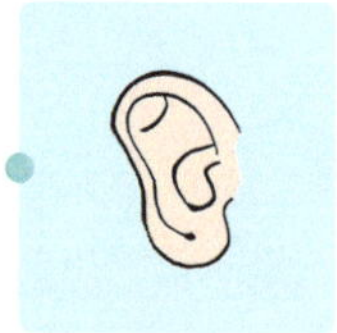

ORANGE

LILA

1

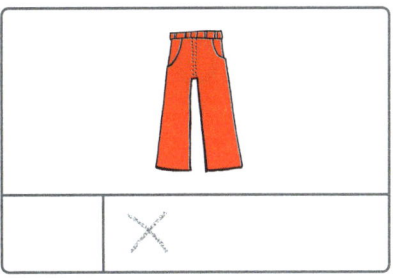

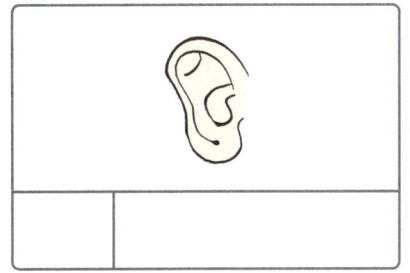
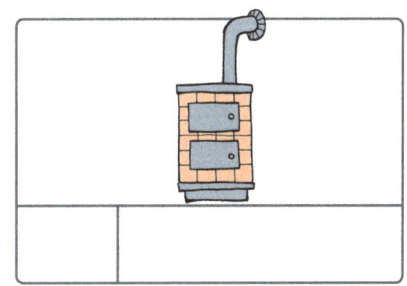

2

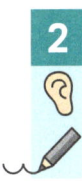

3

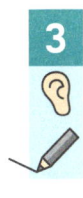

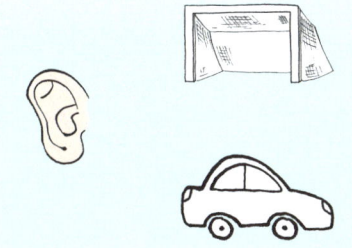
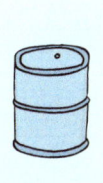

O/o und Silben auditiv analysieren; Reimwörter zuordnen

 O/o an passender Lautposition eintragen

 Selbstlaute in Silbenbögen schreiben

Fö 38-40
Fo 1

30-31

27

O o

1

O	ma
Ma	

O	ma
Ma	

A	mo
	ma

Mo	mo
	ma

2

☐ Mama am

☐ Oma am

☐ Mama am

☐ Oma am

☐ Mama am

☐ Oma am

1

 ☐ *Mama*

☒ *Oma*

 *Oma*

 ☐ *Momo*

☐ *Ama*

2

O/o lesen und schreiben (Wörter); Freies Schreiben

J i

1 ✏️

2

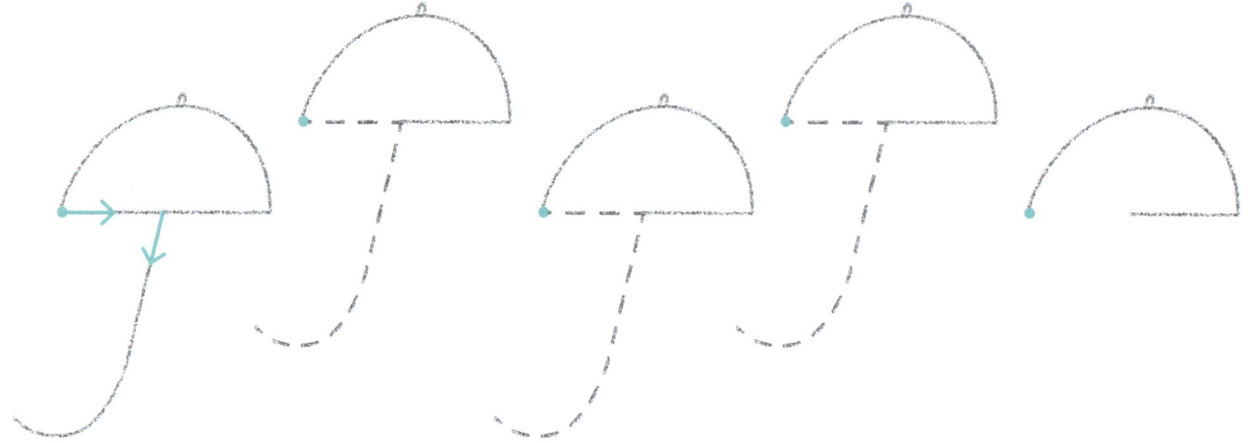

3 ✏️

I motorisch erfassen

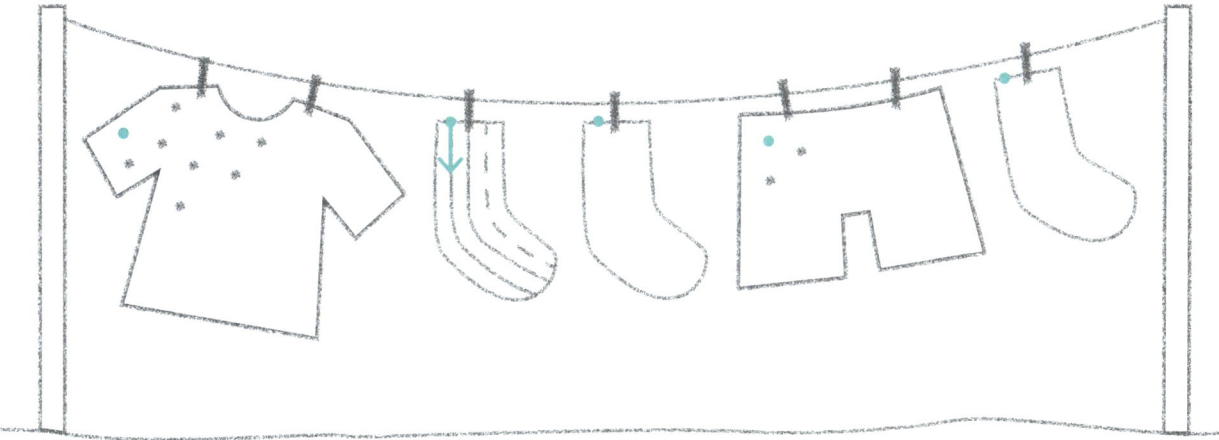

i motorisch erfassen

31

Ii

1

2

3

 Igel   Wal   Insel   Isa

Imker   Ida   Internet

4

5

I visuell diskriminieren und schreiben

3 Wörter lesen

1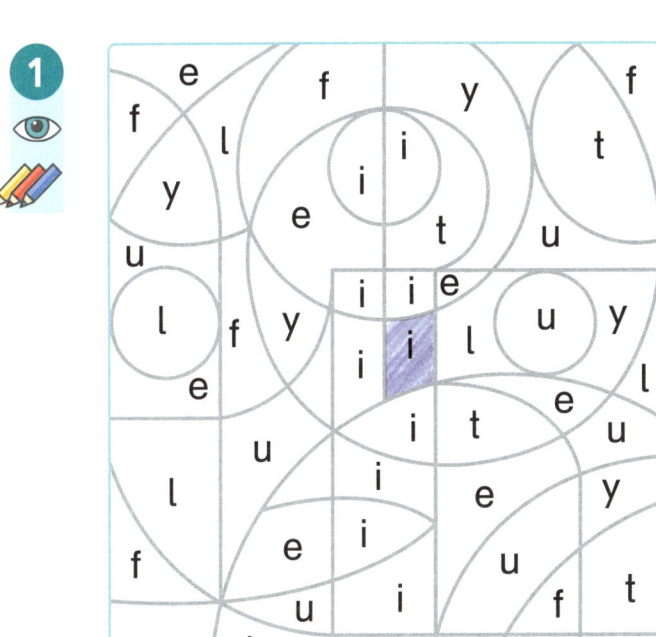

2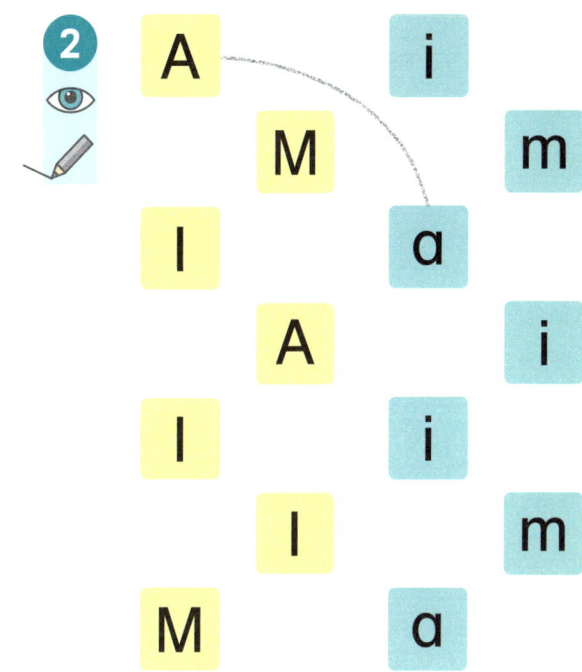

3  **im**   **Radio**   **in**   **Pirat**

Puma   **Salami**   **Omi**

4

5

Ii

1

2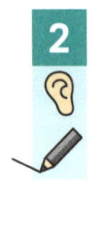

I		O		I	
O	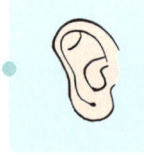	I		O	

O		I		O	
I		O		I	

I, O im Anlaut auditiv analysieren

1

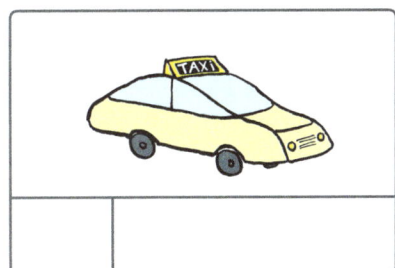

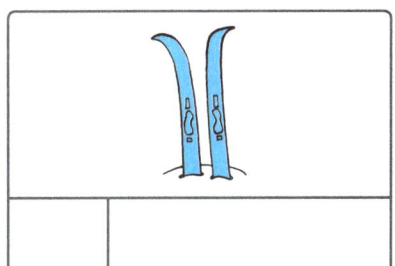

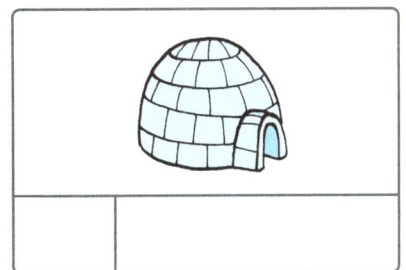

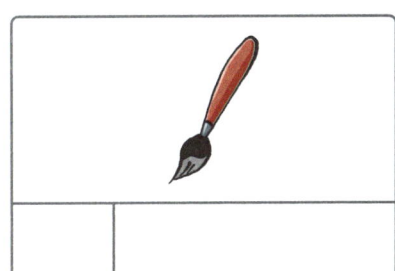

2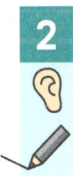

I/i und Silben auditiv analysieren

1 I/i an passender Lautposition eintragen

J i

1

☐ Mama

☐ Ami

☐ Oma

☐ Mia

2

☐ Mama im

☐ Mama am

☐ Oma im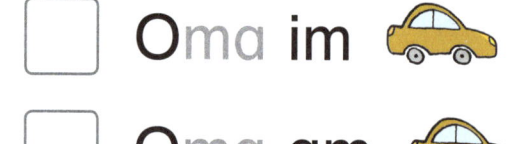

☐ Oma am

☐ Mia im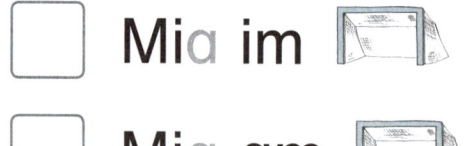

☐ Mia am

☐ Mama im

☐ Mama am

☐ Mia im

☐ Mia am

37

I/i lesen (Wörter)

1

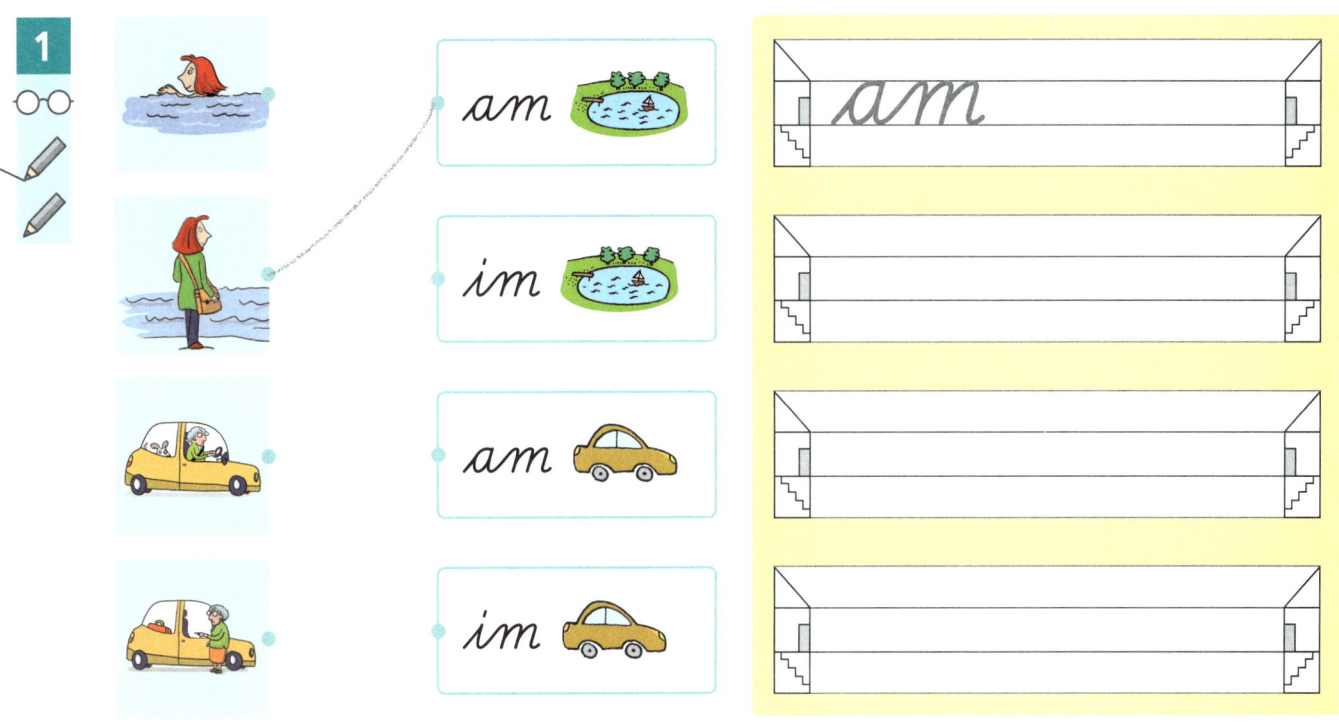

am · im · am · im

L motorisch erfassen

1 👁 ✏️

L L
A M
L A M I
O L M L O
I A O A
L I
A

2 👁 🖍️

		E	T		F		T
T	T	H	L	E			T
H	I F	E	L		H		H
T	L	F	L			T	
E	L	E			I	H	F
H	L	T	L	L		L	H
	L	E	H	T		F	E
T	L	L	L	I		F	
E		F		T	E	H	T

3 👁 ✏️

Löwe   Laterne   Kino   Lama

Lose   Lupe   Laus

4 ✏️

5 🖋️

L visuell diskriminieren und schreiben

3 👓 Wörter lesen

1

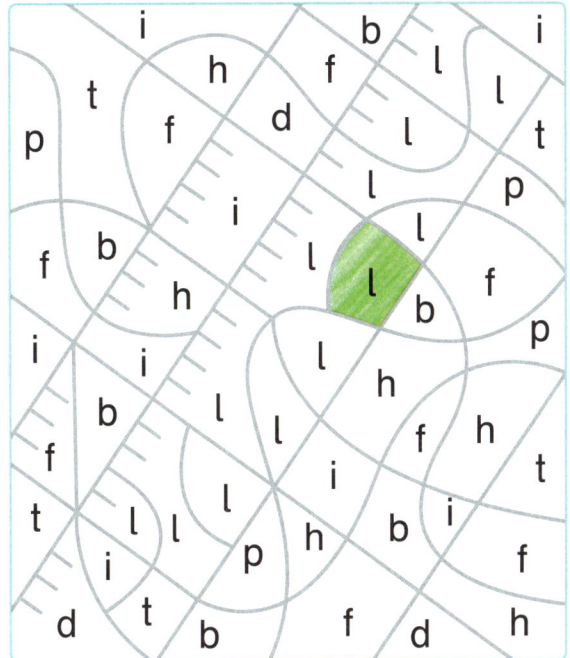

2

3 Salat　　malen　　**Vogel**　　lesen

Telefon　　lila　　**Rakete**

4

5

 L l

1

2

| L |  | M |  | L |  |
| M | 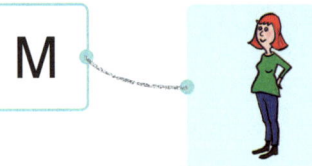 | L |  | M |  |

| M |  | L | | M | |
| L |  | M |  | L | |

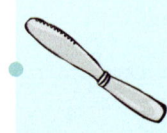
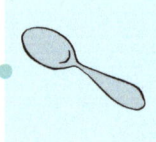

L, M im Anlaut auditiv analysieren

1

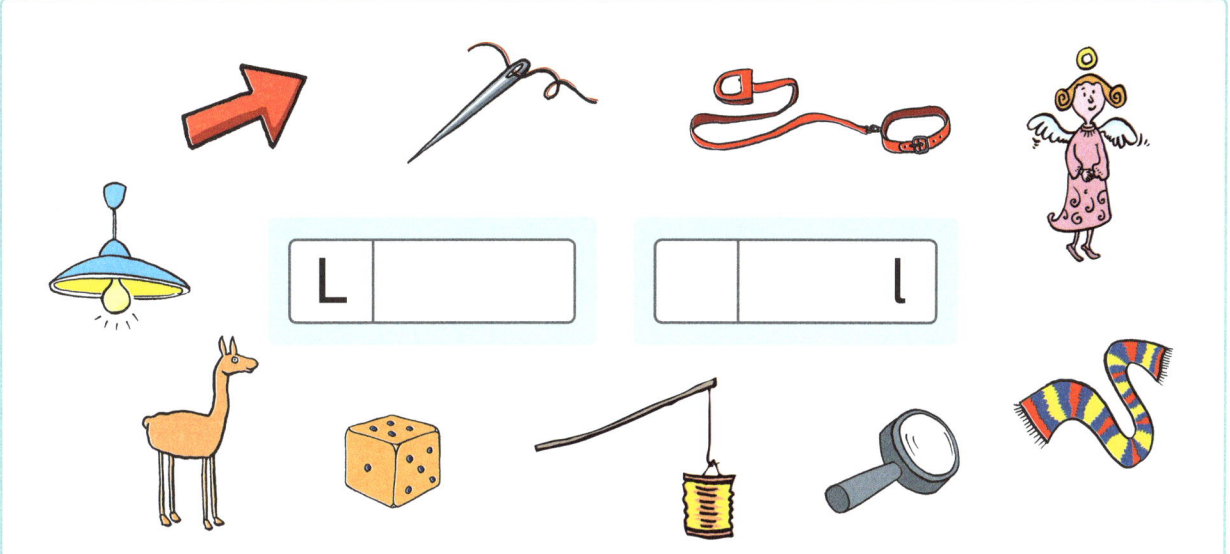

L	

	l

2

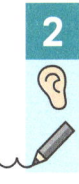

3

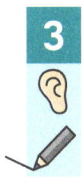

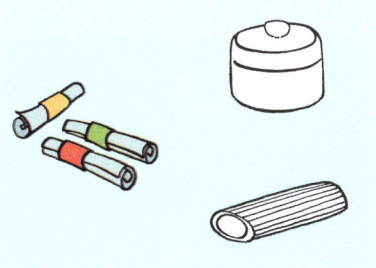

1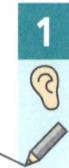

La

Li

• ma •

La

Li

• mo

Li

Lo

• lo •

li

lo

• la

2

☐ Oma

☐ Lilo

☐ Lama

☐ Mila

☐ Limo

☐ Ali

☐ lila

L/l lesen (Silben und Wörter)

1

☐ *Lama*

☐ *Loma*

☐ *Lamo*

☐ *Limo*

☐ *Lilo*

☐ *Lalo*

2

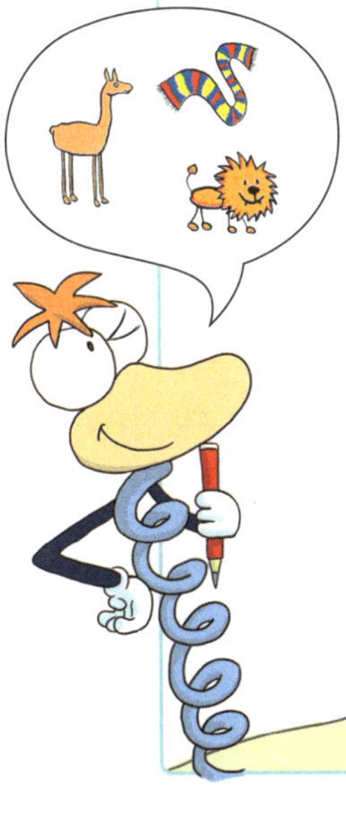

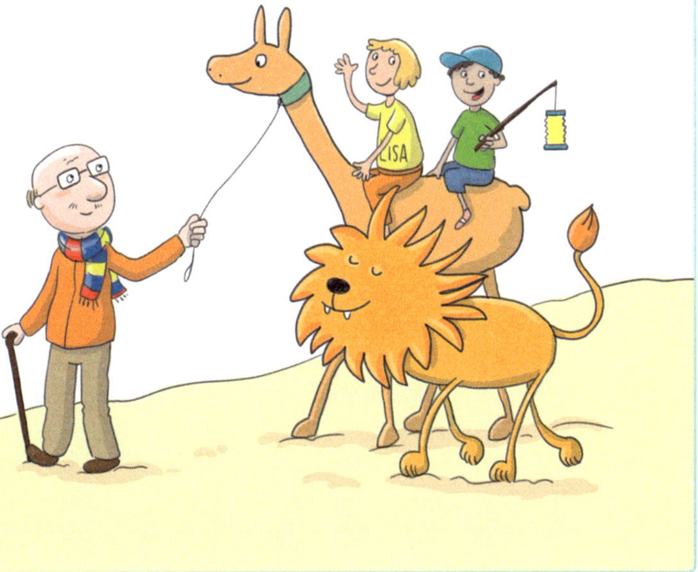

1

2

3

46

𝒰 𝓊

1

O U O
U I O D
O V O
O V O U
O U
D
V

2

W		I	C		W		P		I
L		V	O		V U L			C	L
W		P		L W U			V		C
I	U			U		U		U	I
O U				U		U		P
I		W	O	L		C		O
P	V	I		W		V		P
V	C		P		I	W		L

3 Ufo   Ufer   Uli   Uhr

Uroma   Wolke   Uri

4

𝒰 𝒰 𝒰 𝒰 𝒰 𝒰 𝒰 𝒰 𝒰 𝒰 𝒰 𝒰 𝒰

𝒰 𝒰 𝒰

𝒰 𝒰

5

U visuell diskriminieren und schreiben

3 Wörter lesen

1

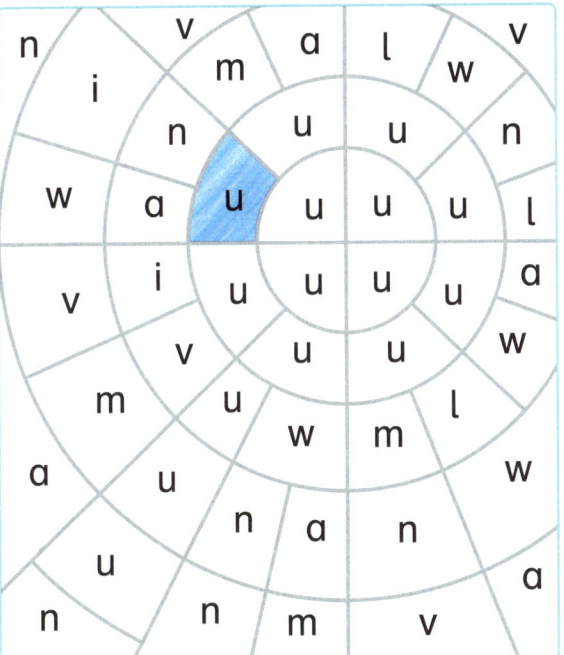

2

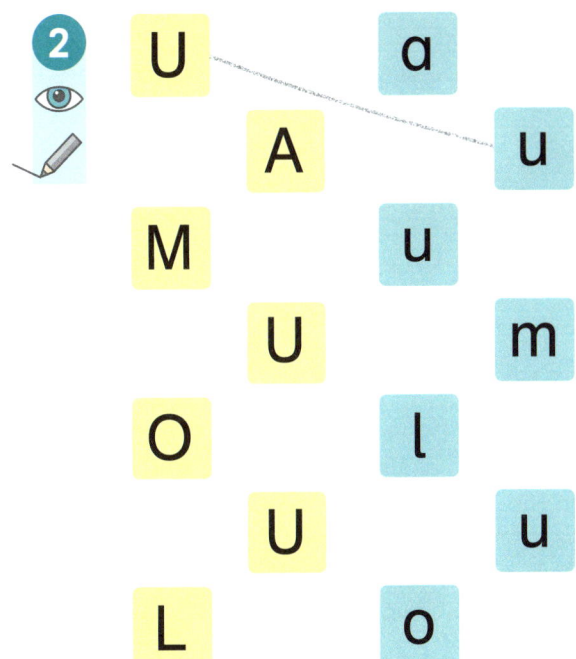

3

um   **Buch**   unten   Hut

Mut   **Banane**   Lupe

4

5

U u

1

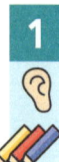

2

U	
A	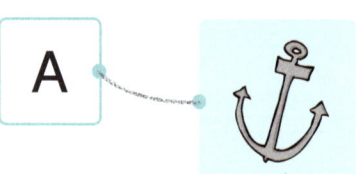

A	
U	

U	
A	

A	
U	

U	
A	

A	
U	

U, A im Anlaut auditiv analysieren

1

 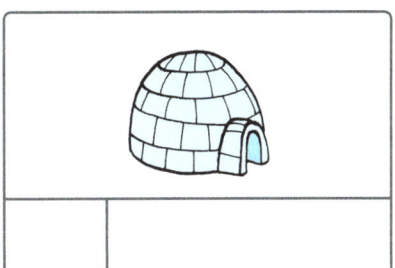 

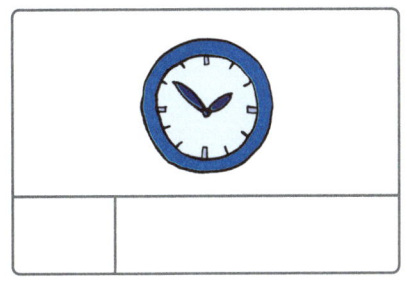  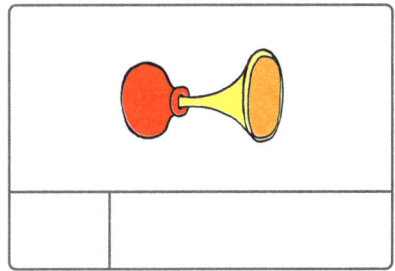

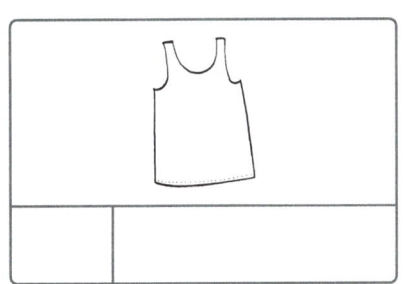  

2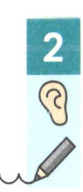

3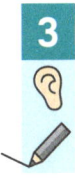

U/u und Silben auditiv analysieren; Reimwörter zuordnen

1 U/u an richtiger Lautposition eintragen

2 Selbstlaute in Silbenbögen schreiben

U u

1
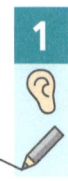

 Mo
          Mu

 Mo
          Mu

 Li
          Lu

 Li
          Lu

2

- ☐ am
- ☐ im
- ☐ um

- ☐ am
- ☐ im
- ☐ um

- ☐ im
- ☐ am
- ☐ um

- ☐ um
- ☐ im
- ☐ am

- ☐ am
- ☐ um
- ☐ im

- ☐ im
- ☐ um
- ☐ am

U/u lesen (Silben und Wörter)

1

   *im*

   *um*

   *im*

   *um*

2

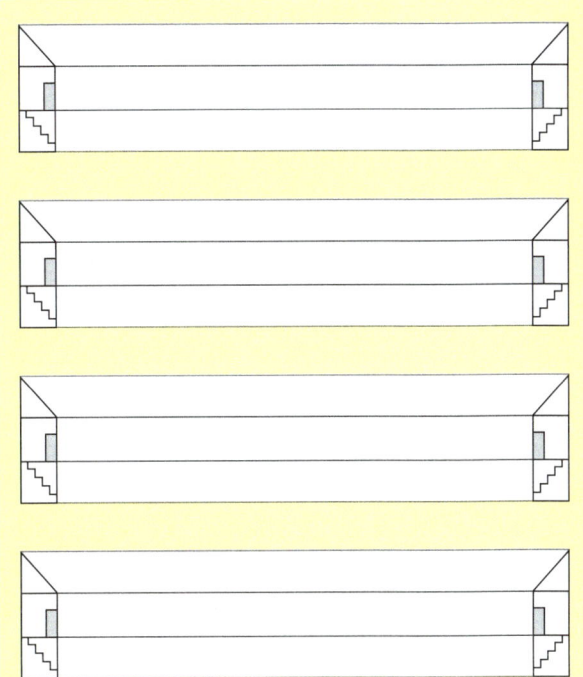

U/u lesen und schreiben (Wörter); Freies Schreiben

B2

1

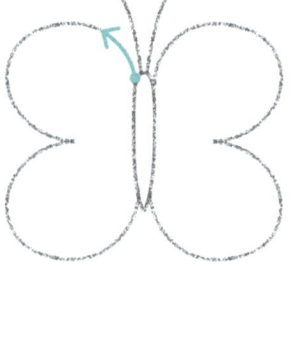 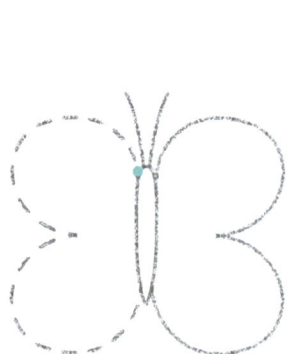 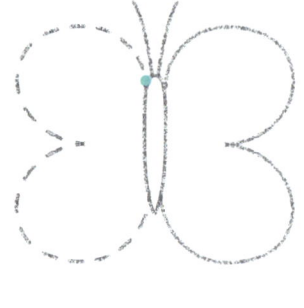 

2

3

E motorisch erfassen

1

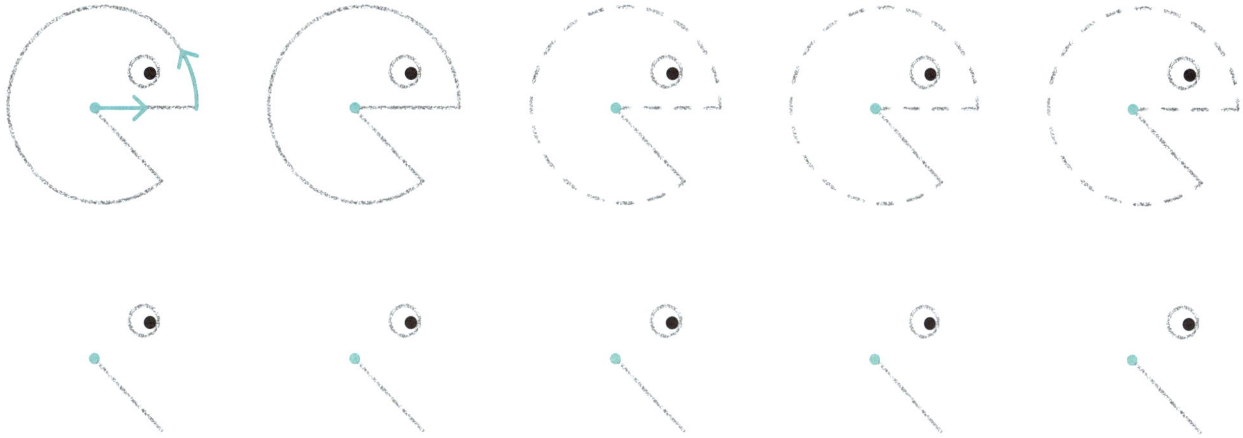

2

eeeeee

3

$\mathcal{E}\ell$

1

2

3 Elefant   Fisch   Ente   Elena

Esel   Erde   Emu

4

5

E visuell diskriminieren und schreiben

3 Wörter lesen

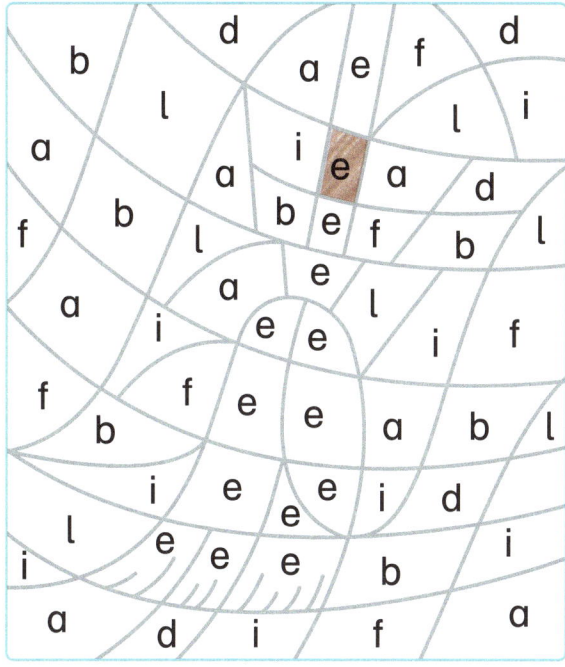

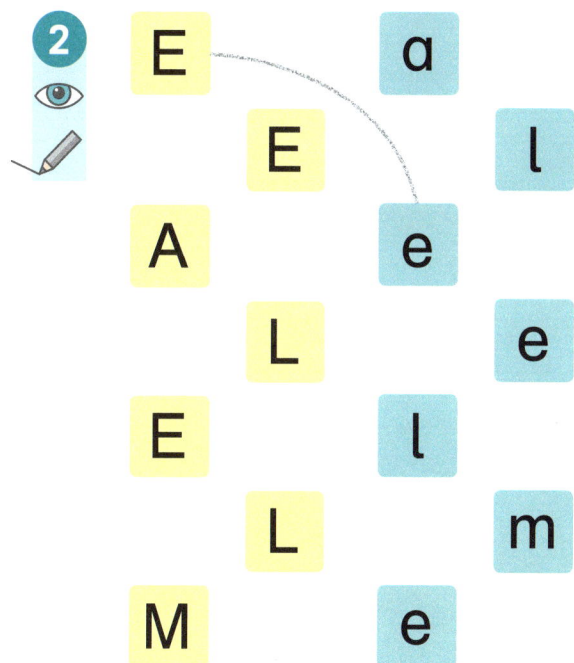

3 **Ente** **Hase** **sehen** **Melone**

Ananas **Regen** **es**

4

5

  **E e**

Datum: _____

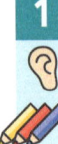

1

2

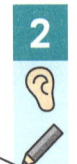
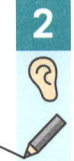

| E |  |
| O |  |

| A |  |
| E |  |

| E |  |
| O |  |

| I |  |
| E |  |

| E |  |
| A |  |

| U |  |
| E | |

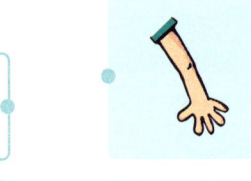

E, A, I, O, U im Anlaut auditiv analysieren

KV 26

1

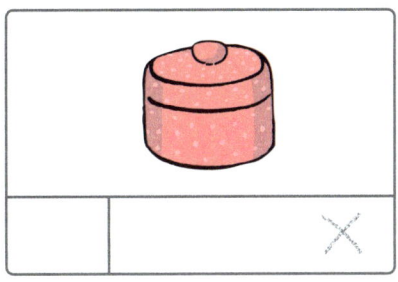

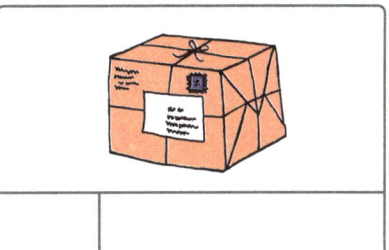

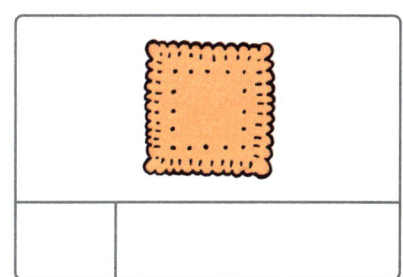

2

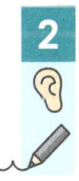

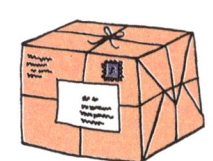

E/e und Silben auditiv analysieren

1 E/e an passender Lautposition eintragen

2 Selbstlaute in Silbenbögen schreiben

Ee

Datum: _____

1

   Le

Li — mo

   E   • mi

• mu

   Lo

Le   a

   li

le   la

2

Emu —

Limo

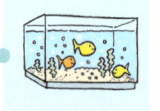

Lea

Emil

E/e lesen (Silben und Wörter)

1

Ali

Lea

Emil

Mia

2

 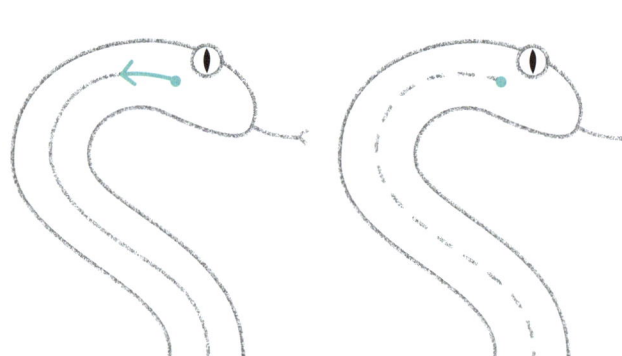 

S motorisch erfassen

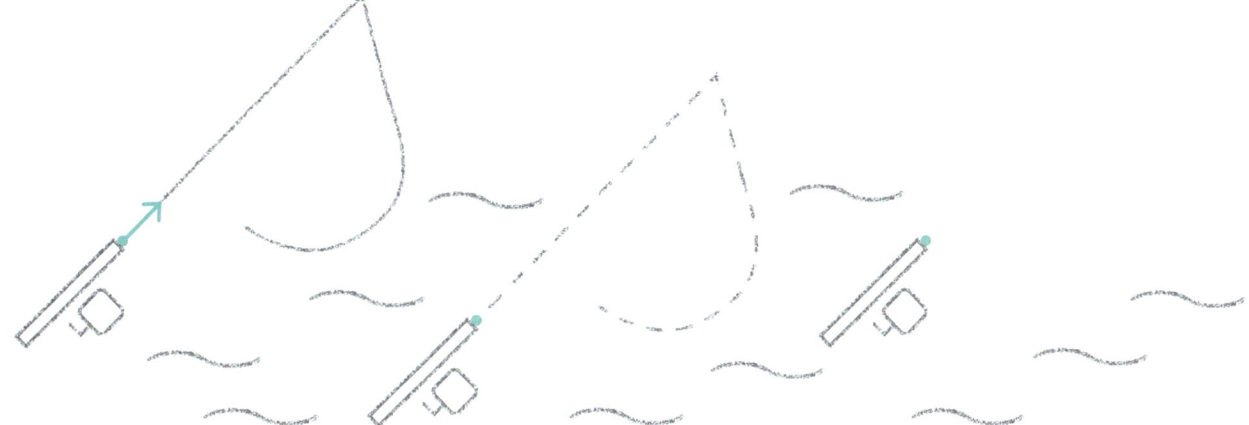

S s

1

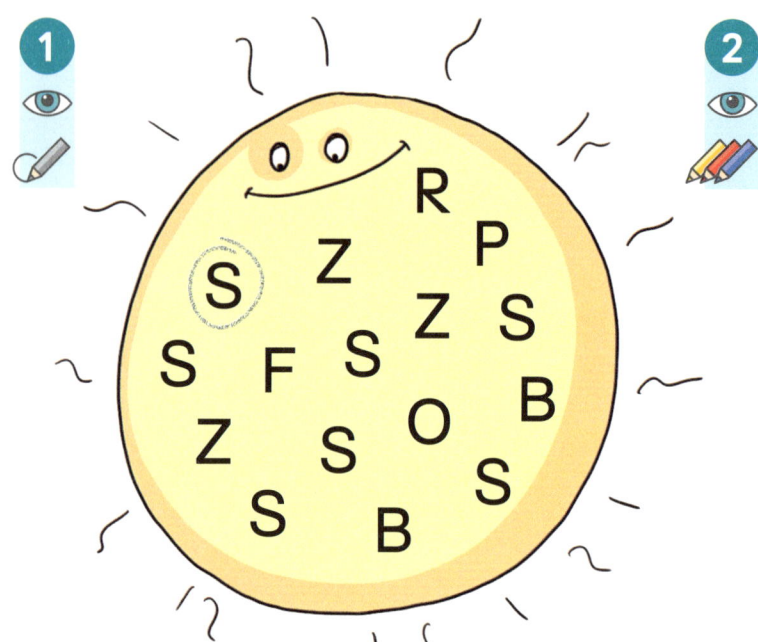

2

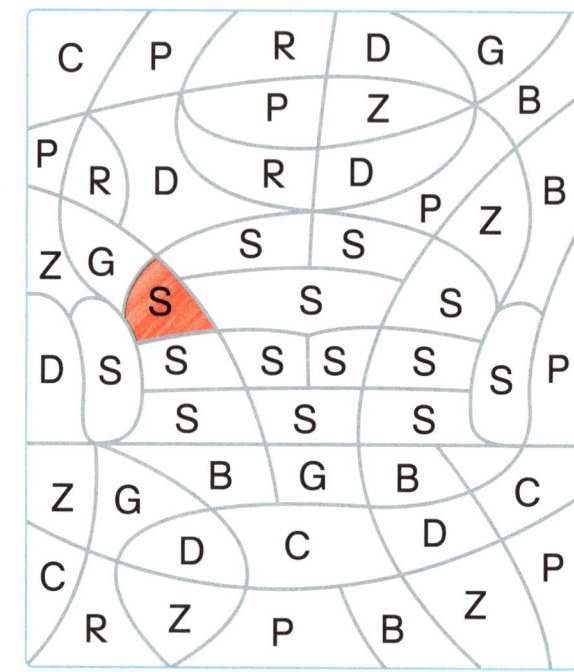

3

Sekunde   Seife   Salat   Sofa

Vogel   Salami   Sesam

4

5

S visuell diskriminieren und schreiben

3 Wörter lesen

1

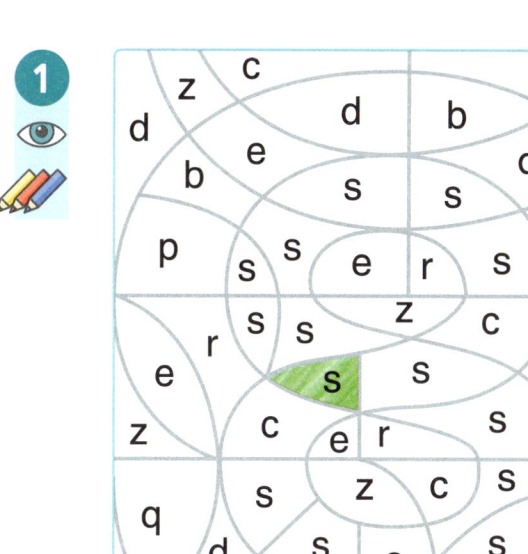

2

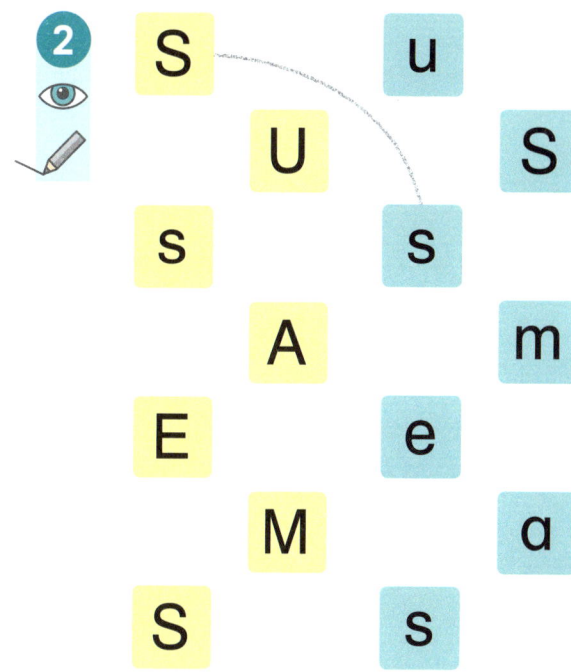

3

Esel   Ameise   Musik   das

Paket   lesen   so

4

5

1

2

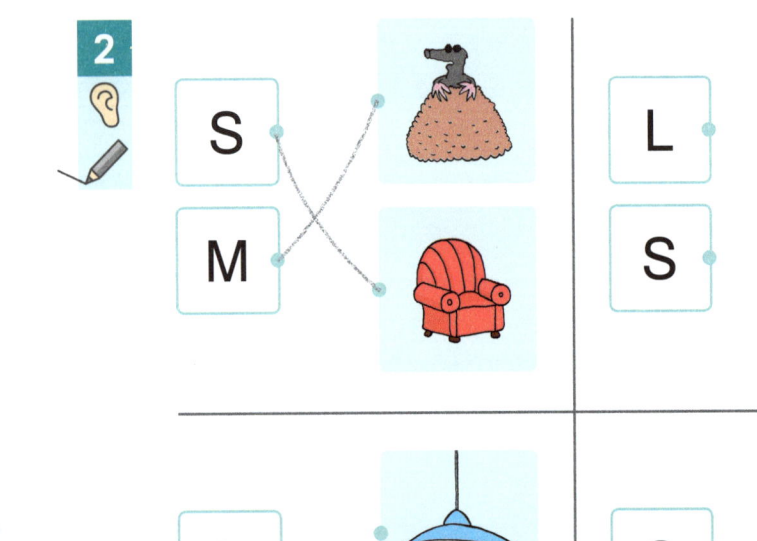

S		L		S	
M		S		E	

L		S		M	
S		E		S	

S, E, L, M im Anlaut auditiv analysieren

KV 28

1

| S | | | | s |

2

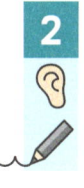
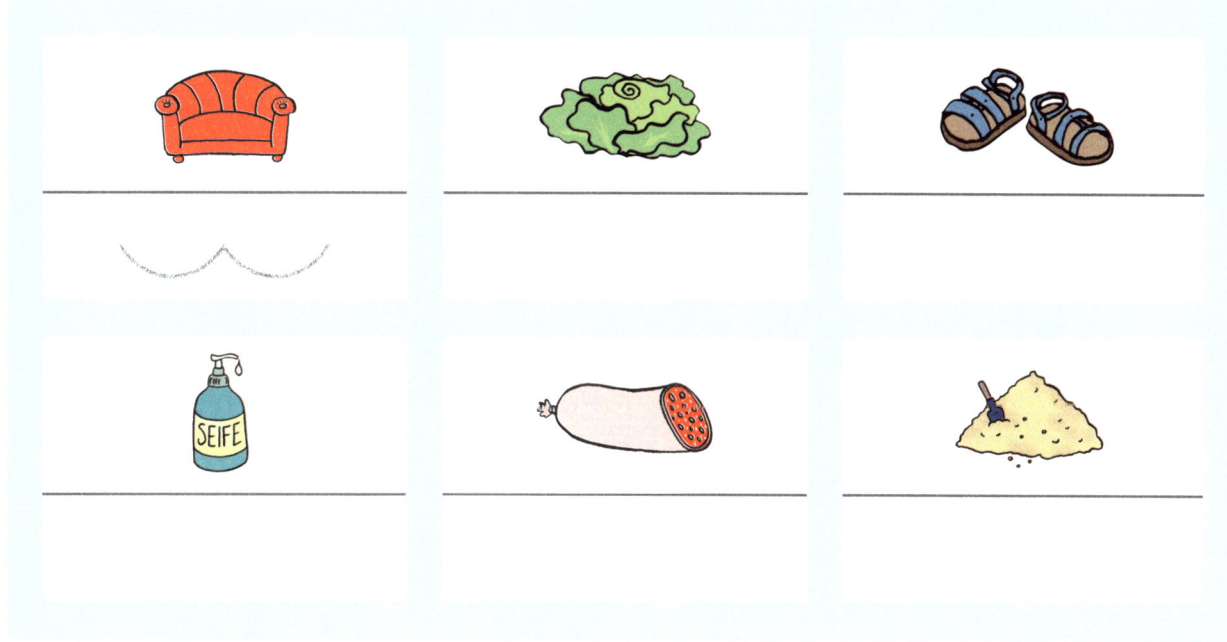

3

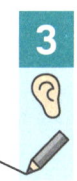

Datum: _____

1

Em •
Am •
• sel

Se •
Su •
• sam

O •
E •
• sel

So •
Sa •
• la •
• mo
• mi

2

 ☐ Lama

 ☐ Esel

 ☐ Sesam

 ☐ Limo

 ☐ Amsel

 ☐ Salami

☐ Mama

S/s lesen (Silben und Wörter)

1

	Esel	
	Amsel	

Lama
Lose

Sesam
Salami

2

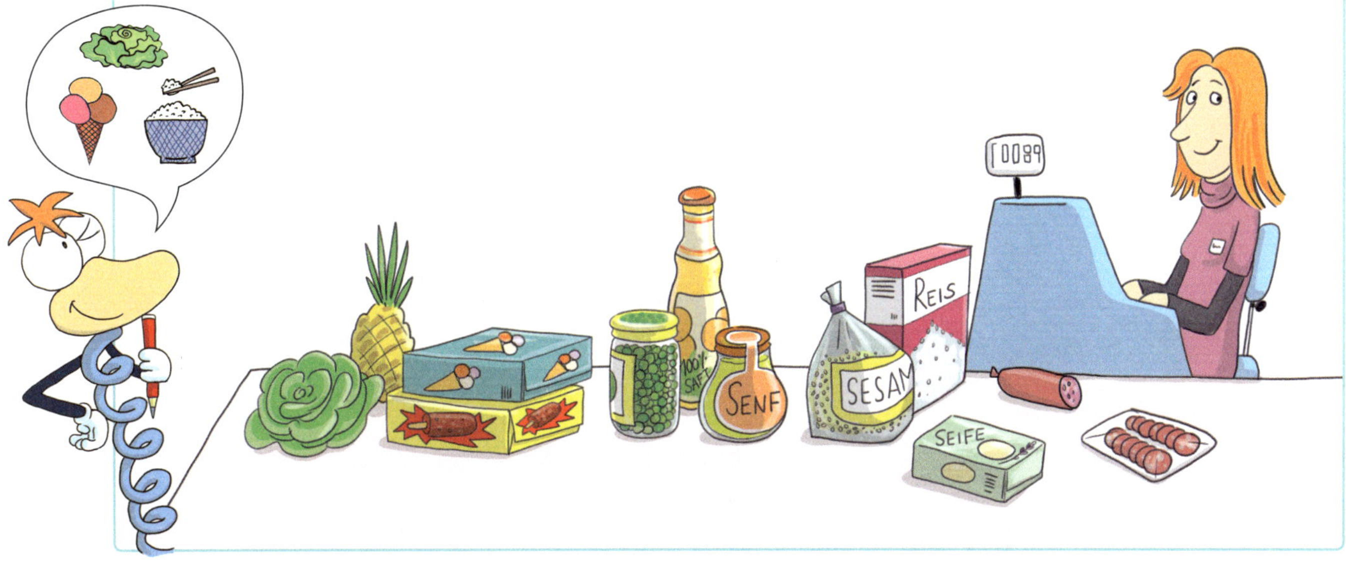

F f

1

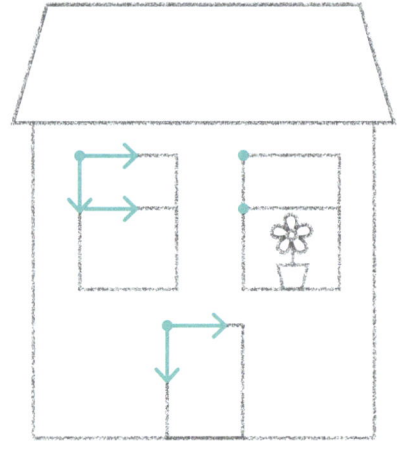 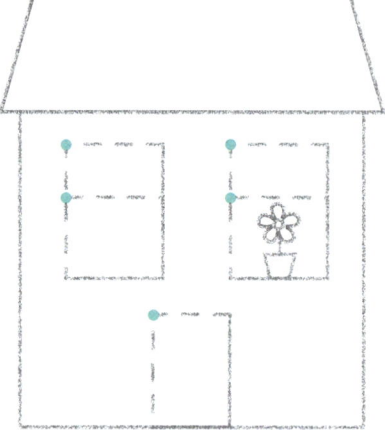 

2

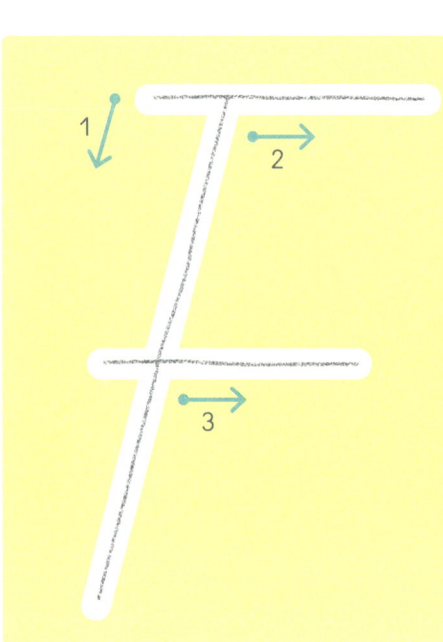

1
2
3

3

F motorisch erfassen

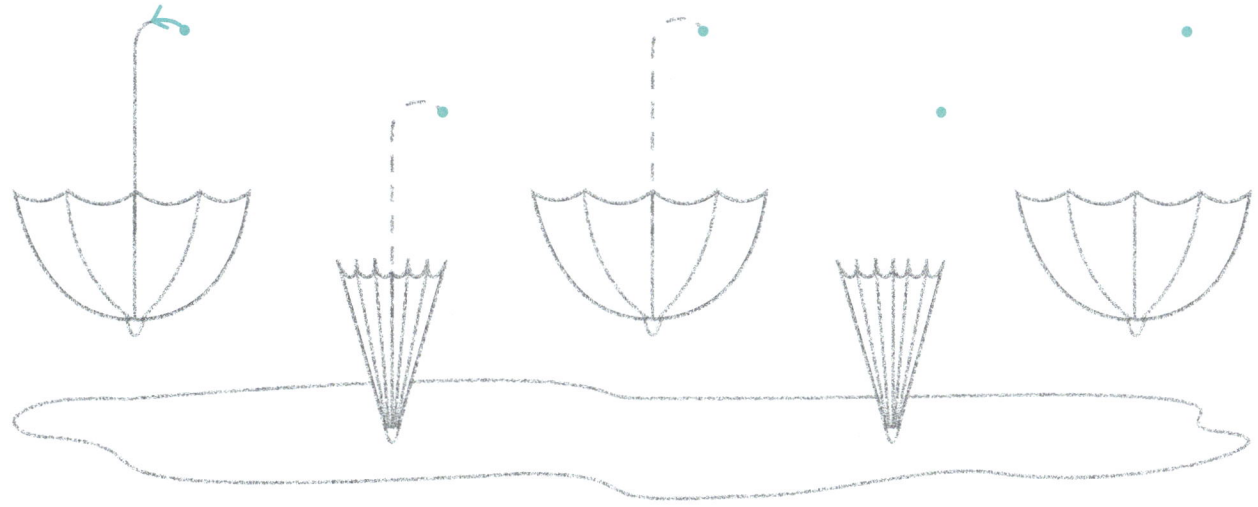

f motorisch erfassen

F f

1

2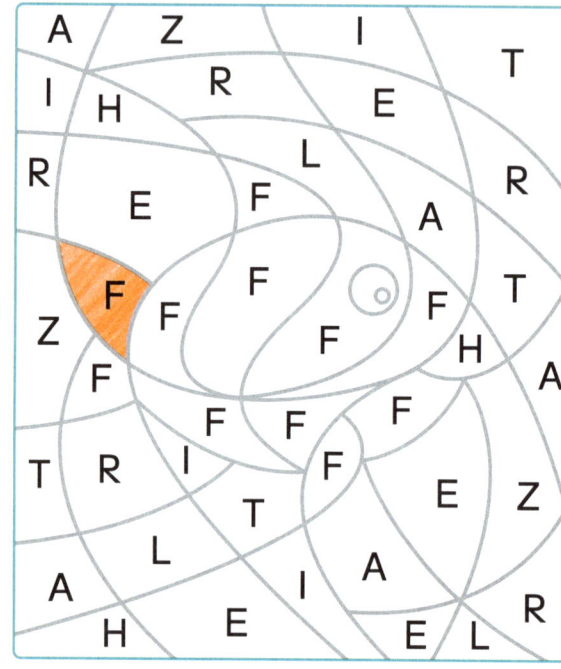

3

Feder   Eis   Familie   Fuß

Foto   Frau   Fisch

4

5

F visuell diskriminieren und schreiben

3 ○○ Wörter lesen

1

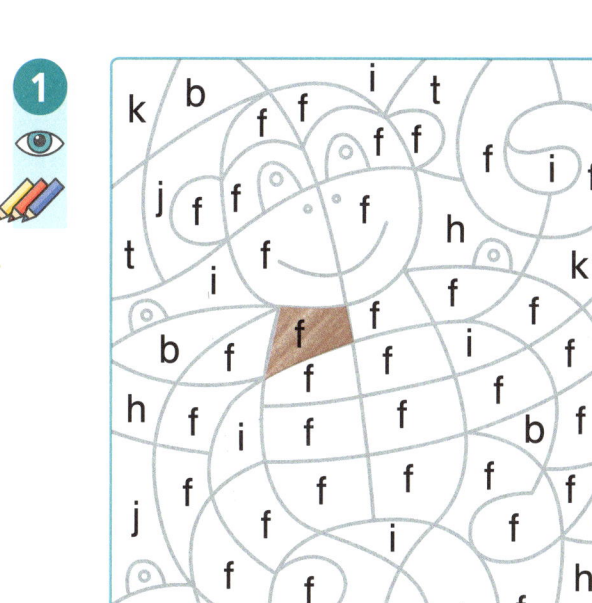

2

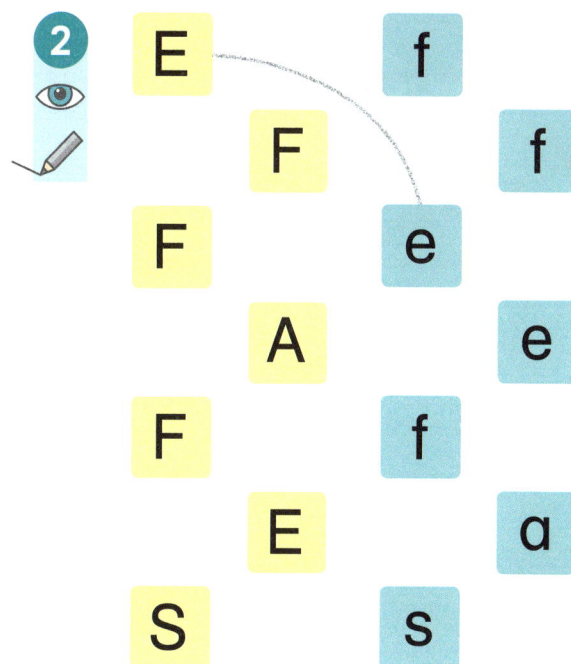

3 **Delfin** **Telefon** **Ofen** **malen**

helfen **für** **finden**

4

5

1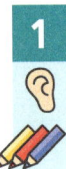

2

F	
M	

L	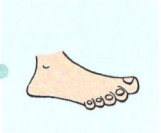
F	

F	**6**
S	**5**

M	
F	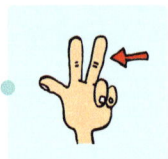

F	
S	

L	
F	

1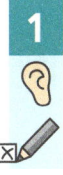

2

F/f und Silben auditiv analysieren

1 FIT F/f an passender Lautposition eintragen

KV 30
Fö 70-72
Fo 7-8

57-58   **75**

F f

1

- [ ] **Mo**fa
- [ ] **So**fa

- [ ] **Sa**lami
- [ ] **Fa**milie

- [ ] **E**sel
- [ ] **El**fe

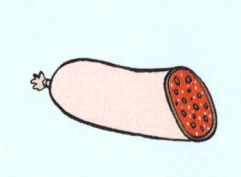
- [ ] **Mo**fa
- [ ] **Ma**ma

- [ ] **U**fo
- [ ] **O**ma

- [ ] **Fil**me
- [ ] **Fa**milie

2

Elfe

Ufo

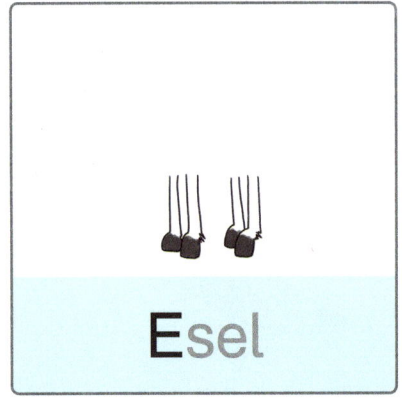

Esel

Salami

Familie

1

🛋️	☐ Esel	
	☐ Sofa	
🛸	☐ Ufo	
	☐ Oma	
🏍️	☐ Mofa	
	☐ Mama	

2

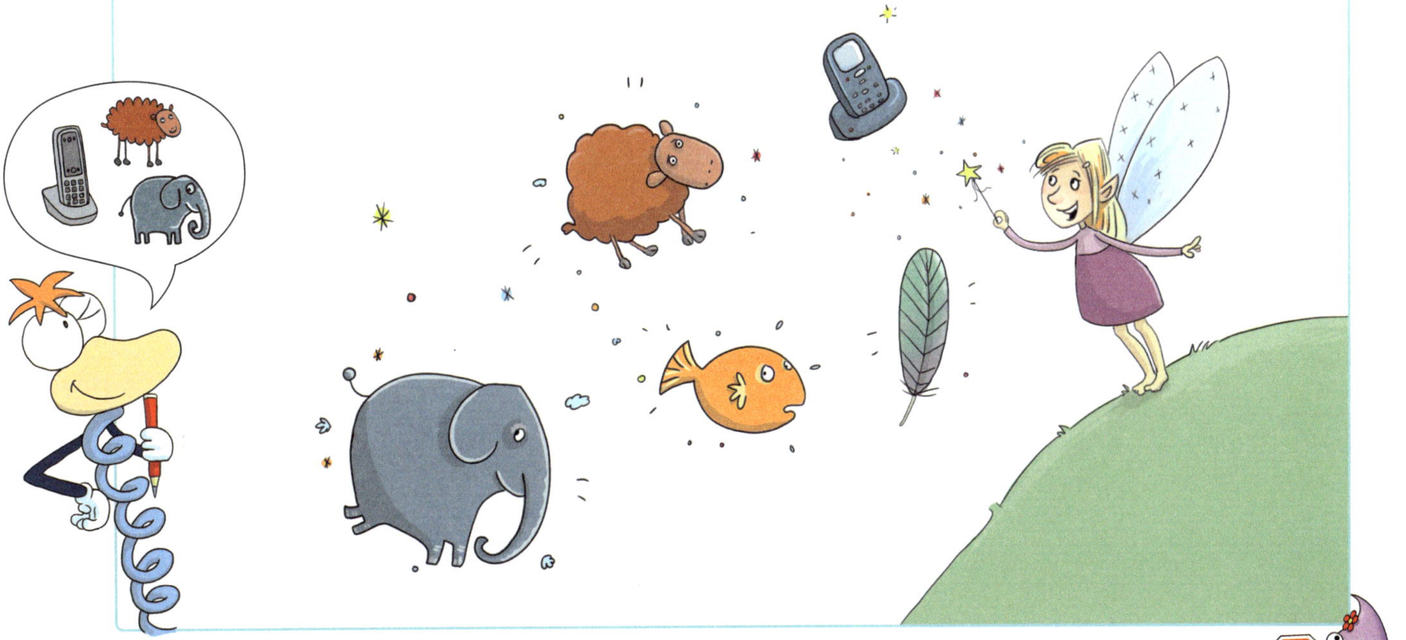

Das kann ich jetzt

🖊 Mein schönster Buchstabe:

🖊 Ich kenne den Groß- und Kleinbuchstaben:

🖊 Ich kann Silbenbögen zeichnen:

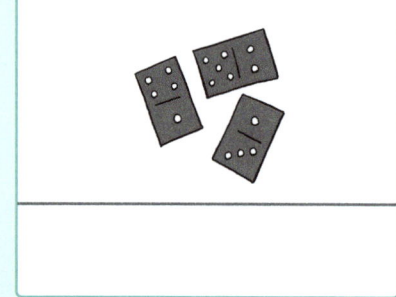  

Mein schönstes Wort:

Ich kenne Wörter mit diesen Buchstaben:

M:

m:

L:

l:

S:

s:

F:

f:

Toll, du hast Heft 1 geschafft!
Weiter geht es mit Heft 2.

Druck A[1] / Jahr 2024
Alle Drucke der Serie A sind im Unterricht parallel verwendbar.

Redaktion: Cora Lange, Katrin Teschner, Anna-Lena Knobloch
Illustrationen: Anke am Berg, Bernau bei Berlin; Antje Hagemann, Berlin; Karoline Kehr, Hamburg; Visuelle Lebensfreude, Hannover; Illustration Lautgebärden: Gisela Fuhrmann, Hannover
Buchstabenfotos: kyas photography, Hannover
Umschlaggestaltung: Jennifer Kirchhof, Braunschweig, unter Verwendung eines Schriftzugs von Gingco, Braunschweig, und einer Illustration von Karoline Kehr, Hamburg
Layout: Visuelle Lebensfreude, Hannover
Druck und Bindung: Westermann Druck GmbH, Georg-Westermann-Allee 66, 38104 Braunschweig

ISBN 978-3-14-127123-2